KB270712

10년 더 젊게 사는 스도쿠

초급×중급

큰 글씨

건강 100세 연구원 지음

Vitamin Book
헬스케어

나이는 먹어도 뇌는 늙지 말자!

　나이를 먹는 것은 피할 수 없는 일이지요. 하지만 뇌를 잘 관리하면 노화를 늦출 수 있습니다. 당신이 몇 살이든 기억력은 현재보다 더 좋아질 수 있습니다. 누구나 겪는 일이지만 문득 특정 단어가 생각나지 않을 때 나이 탓이라고 포기하지 말고, 기억력 향상을 위해 노력해 봅시다.

■ 뇌가 젊어지는 방법

① 머리를 적극 활용한다 – 스도쿠를 자주 풀어 보고 다른 책도 가까이 하면 고령자라도 뇌의 기능을 향상시킬 수 있습니다.

② 신체를 적당히 움직인다 – 유산소 운동이나 근육 운동을 늘립니다. 운동뿐만 아니라 사회활동을 많이 하는 사람은 치매에 걸릴 가능성이 낮아집니다. 메모하는 습관도 좋고 탁구 같은 스포츠도 추천합니다.

③ 식사에 신경 쓴다 – 몸에 이로운 식사가 뇌를 지키는 데 도움이 됩니다. 혈관을 지키는 양파를 많이 섭취하고 탄산음료나 기름진 음식은 멀리 합니다.

④ 사회성 높이기 – 다양한 사람들과의 관계가 뇌를 좋게 합니다. 집에만 있지 말고 누군가와 대화를 합시다.

머리말

숫자 놀이에 어느새 머리가 좋아집니다!

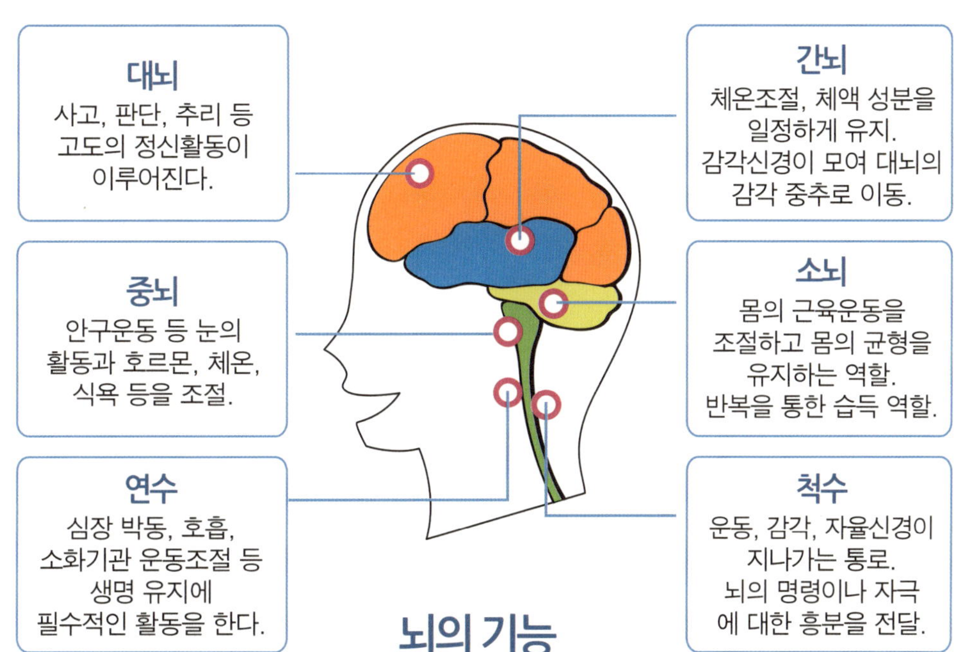

스도쿠는 18세기 스위스의 수학자 레온하르트 오일러가 창안한 라틴방진(Latin Square)에 기초해 미국의 건축가 하워드 간즈(Howard Garns)가 넘버플레이스(Number Place)라는 이름으로 1979년에 소개한 숫자 퍼즐게임입니다. 이후 1984년

3		6			7	9		2
		7	6	9	8			
1				4			6	5
6	5	8	9		3		7	
	7						5	
	1		8		5	6	9	3
8	6		4					7
			7	8	6	1		
7		2	3			8		6

일본 니코리사의 잡지 〈퍼즐통신 니코리〉에서 스도쿠라는 이름을 붙여 수록하면서 대중화되었습니다.

스도쿠 숫자 퍼즐을 놀이 삼아 재미있게 가로세로로 풀다 보면 자연스레 사고능력이 향상됩니다. 숫자를 이용한 판단력은 두뇌 발달은 물론 지능 개발, 정보습득 능력과 문제의 이해를 통한 문제 해결력 향상을 가져옵니다. 숫자를 이용한 문제풀이로 두뇌가 발달되어 건강한 생활을 유지할 수 있습니다.

스도쿠의 숫자 퍼즐은 가로 9칸 세로 9칸 총 81개의 칸으로 이루어져 있으며 그 안에 가로세로로 9개의 숫자를 채워 넣는 퍼즐 게임입니다. 단, 1부터 9까지의 숫자는 작은 칸에 국한되지 않고 전체 81개의 칸에 서로 겹치지 않게 세로가로로 넣어야 합니다.

스도쿠는 보통 81개의 칸에 드문드문 숫자가 임의로 넣어져 있으며 나머지 비어 있는 칸은 서로 겹치지 않는 숫자로만 채워 넣어야 합니다.

스도쿠의 숫자 퍼즐은 딱히 정해진 공식이 없지만 조금이라도 쉽게 풀 수 있는 방법이 있다면 전체적으로 봤을 때 1에서 9까지의 숫자가 제일 많이 적혀 있는 곳부터 차근차근 채우다 보면 어느샌가 빈틈없이 빼곡하게 채워지게 됩니다.

정확하지 않은 두 개의 숫자 중 어떤 것으로 채워 넣을지 고민된다면 두 숫자를 모두 적어놓고 다른 곳의 칸을 먼저 풀다 보면 맞는 숫자가 나옵니다.

그럼 한번 시작해 볼까요?

빈자리에 숫자를 채워 넣는 것이다. 그러므로 빈칸이 많으면 풀기 어렵고 빈칸이 적을수록 스도쿠를 풀기 쉽다.

이 작은 사각형을 1~9까지 채운다.
각각의 가로줄, 세로줄도 1~9까지 채운다.
1~9까지 모두 들어가야 하고 숫자가 겹치지 않아야 한다.

앞에서 빈칸이 적을수록 풀기 쉽다고 했으니 이 문제에서는 첫 번째 사각형부터 풀어보자.
첫 번째 사각형에는 1, 2, 3, 4, 6, 7이 들어가 있으므로 빈칸에는 5, 8, 9가 들어가야 한다.

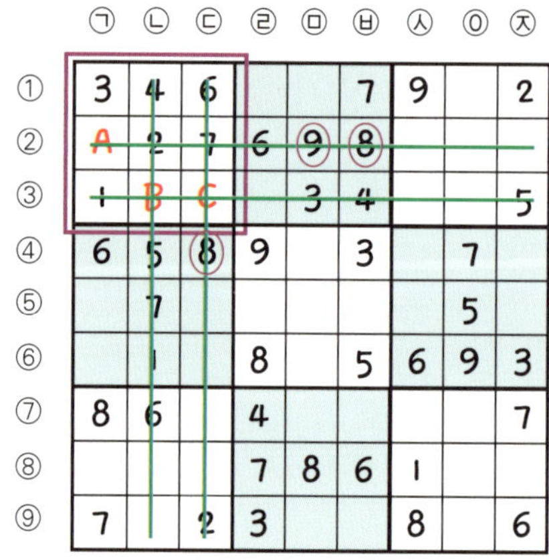

그런데 5, 8, 9 중 어떤 숫자가 들어가야 하는지 모르므로 이때는 가로줄과 세로줄을 유심히 살펴봐야 한다.
가로줄 ②를 보면 ②㉤, ④㉥에 9와 8이 있으므로 A에는 9와 8이 들어갈 수 없다. 5를 넣으면 된다.

　　A에는 5가 들어가고 나머지는 8과 9가 남았는데 C 아래쪽 ㉢④에 8이 있으므로 같은 숫자는 들어갈 수 없기에 9가 들어가야 한다. B에는 남은 숫자 8이 들어간다.

　　첫 번째 작은 사각형은 완성되었고, 이번에는 가로줄 ①번에서 D, E, F에 들어갈 숫자를 알아보자.

	㉠	㉡	㉢	㉣	㉤	㉥	㉦	㉧	㉨
①	3	4	6	D	E	7	9	F	2
②	5	2	7	6	9	8			
③	1	8	9		3	4			5
④	6	5	8	9		3		7	
⑤		7						5	
⑥		1		8		5	6	9	3
⑦	8	6		4					7
⑧				7	8	6	1		
⑨	7		2	3			8		6

　　가로줄 ①번에는 2, 3, 4, 6, 7, 9가 이미 들어가 있다. 그러므로 빈칸(D, E, F)에는 1, 5, 8을 넣을 수 있는데 두 번째 사각형(②㉥)에는 8이 있고 D 아래줄(㉣⑥)에도 8이 있어서 D, E에는 1과 5가 들어갈 수 있다. 그런데 정확히 어떤 숫자가 들어가야 하는지는 알 수 없다. 이때는 고민하지 말고 다른 곳부터 풀어보는 것이 좋다.

　　가로줄 ⑥번에는 1, 3, 5, 6, 8, 9가 이미 들어가 있다. 그러므로 빈칸에는 2, 4, 7을 넣을 수 있는데 ㉢②에는 7과 ㉢⑨에는 2가 있으므로 H자리에는 4가 들어갈 수 있다.

	㉠	㉡	㉢	㉣	㉤	㉥	㉦	㉧	㉨
①	3	4	6	D	E	7	9	F	2
②	5	2	7	6	9	8			
③	1	8	9		3	4			5
④	6	5	8	9		3		7	
⑤		7						5	
⑥	G	1	H	8	I	5	6	9	3
⑦	8	6		4					7
⑧				7	8	6	1		
⑨	7		2	3			8		6

	㉠	㉡	㉢	㉣	㉤	㉥	㉦	㉧	㉨
①	3	4	6	5	1	7	9	8	2
②	5	2	7	6	9	8	3	1	4
③	1	8	9	2	3	4	7	6	5
④	6	5	8	9	4	3	2	7	1
⑤	9	7	3	1	6	2	4	5	8
⑥	2	1	4	8	7	5	6	9	3
⑦	8	6	1	4	2	9	5	3	7
⑧	4	3	5	7	8	6	1	2	9
⑨	7	9	2	3	5	1	8	4	6

　　G자리에는 2와 7이 들어갈 수 있는데 아래쪽(ㄱ⑨)에 7이 있으므로 2를 넣어주고 I 자리에는 남아 있는 숫자 7을 넣어준다.

　　우선 작은 사각형에 많이 들어가 있는 숫자부터 찾아본다. 4, 5, 6, 9가 눈에 띄는데 4부터 찾아보자, 9개의 작은 사각형 중에 4가 들어 있지 않고 비교적 손쉽게 빈곳을 채울 수 있는지 살펴본다.
　　A 자리에 4가 들어가야 함을 알 수 있다. B와 C 자리에도 4가 들어간다.

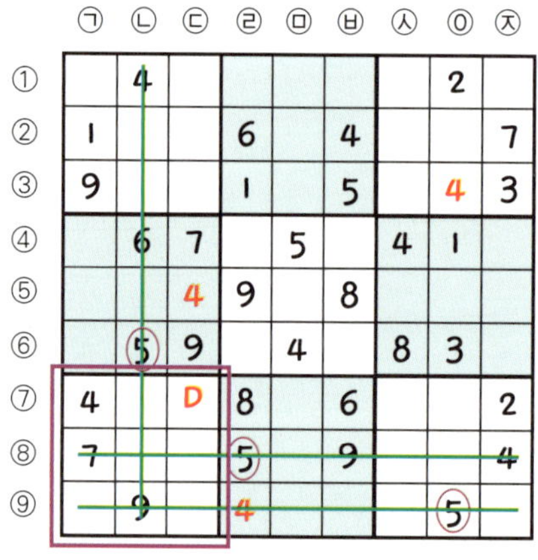

5가 들어 있지 않은 작은 사각형 중에서 일곱 번째 사각형의 D자리에 5가 들어가야 함을 알 수 있다.
나머지 5가 들어 있지 않은 작은 사각형(세 번째, 여섯 번째)에서는 5의 자리를 알 수 없다.
이때는 고민하지 말고 다른 곳, 다른 숫자를 찾아본다.

네 번째 작은 사각형에는 1, 2, 3, 8이 들어갈 수 있는데 H 자리 먼저 살펴보면 가로줄 ⑥(⑥㉦, ⑥㉧)에 8과 3이 있고 세로줄㉠(㉠②)에 1이 있다. 그러므로 H에는 2가 들어간다. 헷갈릴 때는 들어갈 숫자를 작게 적어두고 삭제해 나가면 된다.

	㉠	㉡	㉢	㉣	㉤	㉥	㉦	㉧	㉨
①		4						2	
②	1			6		4			7
③	9			1		5		4	3
④	E	6	7		5		4	1	
⑤	F	G	4	9		8			
⑥	~~1~~2~~3~~~~8~~ H	5	9		4		8	3	
⑦	4		5	8		6			2
⑧	7			5		9			4
⑨		9		4				5	

어려워 풀기 힘들다고 느껴진다면 다른 곳으로 눈을 돌려 다시 시도해 보자. 그렇게 쉬운 곳부터 풀고 중간에 포기하지 않고 차근차근 빈칸을 채우다 보면 막혔던 곳도 풀려 어느새 스도쿠가 완성되어 있을 것이다.

5	4	6	3	8	7	9	2	1
1	2	3	6	9	4	5	8	7
9	7	8	1	2	5	6	4	3
8	6	7	2	5	3	4	1	9
3	1	4	9	6	8	2	7	5
2	5	9	7	4	1	8	3	6
4	3	5	8	7	6	1	9	2
7	8	2	5	1	9	3	6	4
6	9	1	4	3	2	7	5	8

차례

10년 더 젊게 사는
스도쿠 초급×중급

숫자 놀이에 어느새
머리가 좋아집니다!

	2	7			9	3	5	4
				5	3		6	
	4	3		2		9		8
	1	5	7		8			
8				6				1
			1		5	8	4	
4		8		3		1	7	
	5		9	7				
7	6	2	5			4	3	

정답: 90p

TIME:　　　　☆☆☆★

		6			7	9		2
		7	6	9	8			
1					4		6	5
6	5	8	9		3		7	
	7						5	
	1		8		5	6	9	3
8	6		4					7
			7	8	6	1		
7		2	3			8		6

정답: 90p

TIME: ☆☆☆★

		5		3	1		2	
	4				2	3		7
7		2		9	6		8	
					8	9	3	2
2		8				7		4
3	9	7	5					
	7		1	8		2		3
5		4	3				9	
	1		2	4		5		

정답: 90p

TIME:　　　　☆☆☆★

14

2	1		9	4	7	6		
5					3	7		
7	6		2					1
1	7	5					6	
			3		1			
	3					8	1	4
					2		3	9
		1	5					6
		4	6	7	9		8	5

정답: 90p

TIME: ☆☆☆★

	2		8	9			3	
9		8		7				4
				5	3		1	
		6	4		8			7
3	7	1		2		6	4	8
4			1		7	5		
	1		5	4				
6				1		9		5
	5			8	6		7	

정답: 91p

TIME: ☆☆☆★

7		3		8	1	9		2
		8	4	6	3	7		
				2				
1	2		7		6		8	
8	7	4				6	1	9
	3		1		8		7	4
				1				
		2	6	7	5	8		
9		7	8	3		1		6

정답: 91p

TIME: ☆☆☆★

	5	2	3	7	4	8	9	
	6	3	9			4	7	
			6	8				
5						6	4	7
6		8	4		7	3		1
3	4	7						9
				5	3			
	8	1			6	5	3	
	3	5	1	4	9	7	6	

정답: 91p

TIME: ☆☆☆★

8		2		9				
1	4			6		3		8
		9		8	3	5		
9	2	4	3		8		5	
5								3
	8		6		2	7	4	9
		8	7	1		9		
6		3		2			7	5
				3		6		2

정답: 91p

TIME: ☆☆☆★

2	3		4		5		1	6
7								8
		1	6	8	2	5		
6		7	8		1	3		4
		9				6		
3		5	2		4	1		9
		2	5	1	7	4		
9								5
5	7		9		6		2	1

정답: 92p

TIME: ☆☆☆★

7		1	8	6				3
	3	6		2			4	
		2			9	7	6	1
		8	6		3			4
1	4						3	7
6			1		5	2		
2	1	9	3			4		
	6			1		3	7	
3				8	6	9		2

정답: 92p

TIME: ☆☆☆★

정답: 92p

TIME: ☆☆☆★

5		8			3	1		7
	6		2			8	3	
2	7			8	4			5
7		2	9		1		5	
		6				3		
	9		4		7	2		6
1			8	5			4	3
	8	9			2		6	
6		4	3			7		2

정답: 92p

TIME:　　　　　☆☆☆★

23

6		7			5			1
	9	5	8	7			2	
					6		4	7
3		1		5			7	
	8		6	2	4		5	
	5			1		9		8
9	1		5					
	4			6	9	7	3	
5			3			4		9

정답: 93p

TIME:　　　　☆☆☆★

6	3		7	5	2	9	8	1
2					9			7
9		1	4			6		
5	8					1		9
4			8		7			5
3		6					7	4
		9			5	2		3
7			9					8
1	4	5	2	8	3		9	6

정답: 93p

TIME: ☆☆☆★

5	2		3		7		1	8
3				9				4
			4		5			
9		8		5		7		1
	6		9		8		5	
4		2		7		6		9
			7		4			
8				1				2
6	4		2		9		3	5

정답: 93p

TIME: ☆☆☆★

	8			5	7	9		
			4		9	8		7
5	7		3					
3	6					5	9	
7				9				8
	9	5					3	2
					5		4	1
9		1	6		4			
		4	7	2			8	

정답: 93p

TIME: ☆☆☆★

		9			6			7
	5	4		7	2		1	8
8			4			3		
		8			1			3
	3	1			7		9	2
7			3			1		
		5			3			1
	1	7		8	4		3	6
4			1			7		

정답: 94p

TIME: ☆☆☆★

28

정답: 94p

TIME:　　　☆☆☆★

29

1		4	6	8				5
		6	5	9	7	4	1	
	8	5						
	9	3				7		4
			9		5			
5		2				6	3	
						5	4	
	5	8	7	1	6	9		
2				5	9	8		7

정답: 94p

TIME: ☆☆☆★

5	2	1				8	6	4
			1	6				
6			2	4				7
						1	7	
	6	9	5		7	4	3	
	5	4						
9				8	4			1
				3	2			
2	8	6				9	4	3

정답: 94p

TIME: ☆☆☆★

미로 찾기 1

물고기가 새우에게 갈 수 있게 가는 길을 안내해 주세요.

숨은 그림 찾기 1

동물 공원 그림에서 숨은 그림을 찾아 동그라미 해 보세요.

정답: 95p

TIME: ☆☆☆★

	8	6	4	1	9			
9		3					1	
7	4		3		8			
5		2				8		1
8				4				3
1		4				7		9
			9		5		8	4
	9					3		2
			7	6	3	1	9	

정답: 95p

TIME: ☆☆☆★

3			4					2
	7	9				1	3	
	6		2		1		7	
		6	1	4	2	8		3
				7				
1		5	9	8	6	2		
	2	3	7		8		1	
	8	7				3	2	
4					9			6

정답: 95p

TIME: ☆☆☆★

					5			9
9			1	8				
		7		9	2	6		
4		5	6		9		2	
	6	2				9	3	
	1		2		8	7		4
		6	8	4		2		
				6	7			1
	3		5					

정답: 95p

TIME: ☆☆☆★

<table>
<tr><td></td><td>9</td><td></td><td>6</td><td>3</td><td></td><td>4</td><td>5</td><td></td></tr>
<tr><td>4</td><td>6</td><td></td><td></td><td>2</td><td>8</td><td></td><td>9</td><td>1</td></tr>
<tr><td>1</td><td></td><td></td><td></td><td></td><td></td><td></td><td></td><td></td></tr>
<tr><td></td><td>4</td><td></td><td>2</td><td></td><td>5</td><td></td><td></td><td>7</td></tr>
<tr><td>5</td><td>7</td><td></td><td></td><td></td><td></td><td></td><td>2</td><td>8</td></tr>
<tr><td>3</td><td></td><td></td><td>1</td><td></td><td>9</td><td></td><td>6</td><td></td></tr>
<tr><td></td><td></td><td></td><td></td><td></td><td></td><td></td><td></td><td>9</td></tr>
<tr><td>2</td><td>1</td><td></td><td>5</td><td>9</td><td></td><td></td><td>7</td><td>3</td></tr>
<tr><td></td><td>8</td><td>9</td><td></td><td>1</td><td>2</td><td></td><td>4</td><td></td></tr>
</table>

정답: 96p

TIME: ☆☆☆★

정답: 96p

TIME:　　　☆☆☆★

8	6			1	9	5		
7			2				8	
						6		2
	4				3			8
5			6		8			3
3			1				4	
1		7						
	5				7			1
		3	5	6			7	9

정답: 96p

TIME: ☆☆☆★

<table>
<tr><td>5</td><td></td><td></td><td></td><td>6</td><td>3</td><td></td><td></td><td>8</td></tr>
<tr><td>4</td><td></td><td></td><td></td><td>2</td><td></td><td></td><td></td><td>5</td></tr>
<tr><td></td><td>3</td><td></td><td></td><td></td><td>1</td><td></td><td>9</td><td></td></tr>
<tr><td>8</td><td></td><td>3</td><td></td><td></td><td></td><td></td><td></td><td></td></tr>
<tr><td>2</td><td>1</td><td></td><td>9</td><td></td><td>4</td><td></td><td>5</td><td>6</td></tr>
<tr><td></td><td></td><td></td><td></td><td></td><td></td><td>8</td><td></td><td>1</td></tr>
<tr><td></td><td>8</td><td></td><td>4</td><td></td><td></td><td></td><td>1</td><td></td></tr>
<tr><td>3</td><td></td><td></td><td></td><td>1</td><td></td><td></td><td></td><td>7</td></tr>
<tr><td>1</td><td></td><td></td><td>2</td><td>3</td><td></td><td></td><td></td><td>9</td></tr>
</table>

정답: 96p

TIME: ☆☆☆★

3	5						8	2
		9	7		6	5		
4				5				1
	4		8		7		6	
		2				3		
	6		2		5		1	
2				7				8
		4	1		2	9		
6	7						2	3

정답: 97p

TIME:　　☆☆☆★

	4						2	
1			6		4			7
9			1		5			3
	6	7		5		4	1	
			9		8			
	5	9		4		8	3	
4			8		6			2
7			5		9			4
	9						5	

정답: 97p

TIME: ☆☆☆★

43

<table>
<tr><td></td><td></td><td></td><td>2</td><td>8</td><td></td><td>7</td><td>9</td><td></td></tr>
<tr><td>3</td><td>9</td><td></td><td></td><td>1</td><td></td><td></td><td>8</td><td></td></tr>
<tr><td>7</td><td></td><td>1</td><td>4</td><td></td><td></td><td>5</td><td></td><td></td></tr>
<tr><td></td><td></td><td></td><td></td><td></td><td></td><td>1</td><td></td><td>8</td></tr>
<tr><td>9</td><td>3</td><td></td><td></td><td></td><td></td><td></td><td>4</td><td>7</td></tr>
<tr><td>8</td><td></td><td>4</td><td></td><td></td><td></td><td></td><td></td><td></td></tr>
<tr><td></td><td></td><td>3</td><td></td><td></td><td>5</td><td>8</td><td></td><td>4</td></tr>
<tr><td></td><td>4</td><td></td><td></td><td>7</td><td></td><td></td><td>6</td><td>2</td></tr>
<tr><td></td><td>2</td><td>9</td><td></td><td>6</td><td>4</td><td></td><td></td><td></td></tr>
</table>

정답: 97p

TIME:　　　　☆☆☆★

<table>
<tr><td></td><td></td><td>4</td><td>1</td><td></td><td></td><td>6</td><td>5</td><td></td></tr>
<tr><td>2</td><td></td><td></td><td></td><td></td><td></td><td></td><td></td><td></td></tr>
<tr><td>7</td><td></td><td>8</td><td>3</td><td></td><td></td><td>2</td><td></td><td>1</td></tr>
<tr><td></td><td></td><td></td><td>7</td><td></td><td>2</td><td>9</td><td></td><td>5</td></tr>
<tr><td></td><td></td><td></td><td>8</td><td></td><td>4</td><td></td><td></td><td></td></tr>
<tr><td>1</td><td></td><td>3</td><td>9</td><td></td><td>5</td><td></td><td></td><td></td></tr>
<tr><td>6</td><td></td><td>9</td><td></td><td></td><td>3</td><td>7</td><td></td><td>4</td></tr>
<tr><td></td><td></td><td></td><td></td><td></td><td></td><td></td><td></td><td>2</td></tr>
<tr><td></td><td>5</td><td>1</td><td></td><td></td><td>6</td><td>8</td><td></td><td></td></tr>
</table>

정답: 97p

TIME: ☆☆☆★

6				4	1		3	
			8	6		5		7
			7				1	
	4	9						1
7	3						9	4
1						3	5	
	7				6			
9		3		2	8			
	1		5	3				6

정답: 98p

TIME: ☆☆☆★

		7		8			4	
3	8			5			9	
		1	3		6	8		2
		5	7		9	2		
8	7						1	3
		4	5		8	9		
2		6	8		1	4		
	9			4			2	8
	1			2		7		

정답: 98p

TIME: ☆☆☆★

정답: 98p

TIME: ☆☆☆★

정답: 98p

TIME:　　　　☆☆☆★

9			5			6	7	
		6			7		8	3
	7			8	9			5
4						8	3	
				8				
	6	8						2
8		5	1				2	
6	2		7			5		
	4	9			5			1

정답: 99p

TIME: ☆☆☆★

		6	1	4	5	3		
	8		2		6		7	
			3		7			
8		2				1		7
1			4		8			3
6		4				2		8
			6		4			
	6		5		9		3	
		7	8	3	2	9		

정답: 99p

TIME:　　　　☆☆☆★

스도쿠
39

		1	4		6	7	9	
	4		2		5			3
2								5
1		4					8	6
				1				
7		8					2	1
6								7
4			7		8		5	
	7	2	6		1	4		

정답: 99p

TIME:　　　☆☆☆★

52

TIME:　　　　☆☆☆★

거북이가 오징어에게 갈 수 있게 가는 길을 안내해 주세요.

숨은 그림 찾기 2

농장 그림에서 숨은 그림을 찾아 동그라미 해 보세요.

<table>
<tr><td></td><td>3</td><td>7</td><td></td><td>2</td><td></td><td>8</td><td></td><td>1</td></tr>
<tr><td>6</td><td>2</td><td></td><td>1</td><td></td><td></td><td></td><td></td><td></td></tr>
<tr><td>9</td><td></td><td></td><td></td><td>3</td><td>7</td><td></td><td></td><td>2</td></tr>
<tr><td></td><td>8</td><td></td><td>2</td><td></td><td></td><td>5</td><td></td><td></td></tr>
<tr><td>7</td><td></td><td>9</td><td></td><td></td><td></td><td>2</td><td></td><td>6</td></tr>
<tr><td></td><td></td><td>2</td><td></td><td></td><td>9</td><td></td><td>7</td><td></td></tr>
<tr><td>4</td><td></td><td></td><td>7</td><td>8</td><td></td><td></td><td></td><td>3</td></tr>
<tr><td></td><td></td><td></td><td></td><td></td><td>5</td><td></td><td>2</td><td>4</td></tr>
<tr><td>2</td><td></td><td>1</td><td></td><td>6</td><td></td><td>9</td><td>8</td><td></td></tr>
</table>

정답: 100p

TIME:　　　　☆☆☆★

정답: 100p

TIME: ☆☆☆★

			1		9			
9	2			6			5	4
1			8		4			2
3		7	4		5	2		9
	6						1	
2		4	6		8	3		5
4			9		1			3
8	3			7			4	6
			3		6			

정답: 100p

TIME: ☆☆☆★

	9		5	7	1		3	
7		3				5		1
	2			3			9	
3			6		2			4
8		7				1		9
2			7		9			5
	1			9			7	
9		6				8		2
	7		8	6	5		1	

정답: 100p

TIME:　　　　☆☆☆★

5				2				7
		4		6			1	
7			1	9	3			
		6	9		4	7		
	9	5				1	4	
		8	5		6	3		
			3	8	1		7	
	1			5		6		
2								1

정답: 101p

TIME: ☆☆☆★

			2	3	4		8	
		4				1		2
	9				8	6	7	
9				2		7		1
5			9		1			6
1		6		4				3
	7	9	1				4	
3		2				9		
	1		8	9	3			

정답: 101p

TIME: ☆☆☆★

			1		3			
	9			4			1	
5			7	9	8			3
9		1		8		3		6
	5	8	6		4	1	2	
4		3		1		7		5
1			4	5	6			8
	8			2			7	
			8		1			

정답: 101p

TIME:　　　　☆☆☆★

8	9	4		6		2	5	3
	7			5			8	
			9		4			
		9	5		8	1		
7	8						4	5
		1	3		2	6		
			6		5			
	5			3			2	
4	2	3		1		5	6	9

정답: 101p

TIME: ☆☆☆★

					4	3	9	
	9			1		2		7
			7				8	1
		6				8		9
	5			3			2	
2		8				5		
5	1		6		2			
6		7		9			3	
	8	9	1					

정답: 102p

TIME:　　　　☆☆☆★

TIME:　　　　☆☆☆★

<table>
<tr><td>2</td><td>9</td><td></td><td></td><td></td><td></td><td></td><td>6</td><td>7</td></tr>
<tr><td>6</td><td></td><td></td><td>7</td><td></td><td>9</td><td></td><td></td><td>1</td></tr>
<tr><td></td><td></td><td></td><td>4</td><td></td><td>8</td><td></td><td></td><td></td></tr>
<tr><td></td><td>5</td><td>4</td><td></td><td></td><td></td><td>9</td><td>2</td><td></td></tr>
<tr><td></td><td></td><td></td><td>2</td><td></td><td>5</td><td></td><td></td><td></td></tr>
<tr><td></td><td>1</td><td>2</td><td></td><td></td><td></td><td>6</td><td>5</td><td></td></tr>
<tr><td></td><td></td><td></td><td>5</td><td></td><td>4</td><td></td><td></td><td></td></tr>
<tr><td>4</td><td></td><td></td><td>1</td><td></td><td>2</td><td></td><td></td><td>9</td></tr>
<tr><td>3</td><td>2</td><td></td><td></td><td></td><td></td><td></td><td>4</td><td>5</td></tr>
</table>

정답: 102p

TIME: ☆☆☆★

		1	6		5	4		
	8		3		1		5	
2								3
9	5		8		6		3	4
4	2		5		9		7	1
3								6
	9		7		2		8	
		8	4		3	1		

정답: 102p

TIME: ☆☆☆★

4	5						7	8
7	2		5		6		9	3
				8				
	1		8		4		6	
		5				3		
	8		2		7		5	
				7				
8	6		1		9		3	5
9	4						2	7

정답: 103p

TIME: ☆☆☆★

	5		7		8		9	
3				1				4
		2				7		
2			6		4			9
	9			5			2	
5			2		7			6
		6				2		
1				4				8
	8		9		5		1	

TIME:　　　☆☆☆★

		4	7		6			
	6		4				7	
9			8		2			5
		3		1		4	9	
1				8				2
	7	8		4		1		
8			6		4			7
	3				9		8	
		1		2		5		

정답: 103p

TIME: ☆☆☆★

		4		8		6		
	7		1		2		8	
9		3				4		2
	6			9			5	
3			6		4			7
	1			5			9	
8		7				2		1
	3		7		9		4	
		5		3		7		

정답: 103p

TIME: ☆☆☆★

	1		5		8		7	
5		8	4		9	3		2
	3						6	
1	5						8	4
6	4						2	7
	8						4	
4		5	7		3	1		8
	2		8		1		5	

정답: 104p

TIME: ☆☆☆★

			4		1			
		8	5		9	3		
	9		6		7		1	
2	5	6				1	3	8
8	1	7				4	2	9
	7		9		3		4	
		9	2		8	5		
			1		5			

정답: 104p

TIME:　　　　　　☆☆☆★

	2	6		4		8		
			7		6			9
9		5				4		7
		3	6		4		5	
6								3
		2	3		1		8	
4		8				6		2
3			8		5			
		1		6		5	3	

정답: 104p

TIME: ☆☆☆★

정답: 104p

TIME: ☆☆☆★

미로 찾기 3

외계인이 황소 별자리에 갈 수 있게 가는 길을 안내해 주
세요.

숨은 그림 찾기 3

왕궁 그림에서 숨은 그림을 찾아 동그라미 해 보세요.

가로세로 열쇠

가로 열쇠

1. 무표정으로 속마음 감추기.

4. 키가 2미터가 넘는 큰 새. 최고 시속 60km로 달릴 수 있음.

5. 산이나 계곡을 걸어다니고 야영하는 여행.

7. 수준이나 등급 등 차등을 두어 구분하는 것.

9. 요리를 먹을 수 있는 곳을 뜻하는 프랑스어.

세로 열쇠

1. 술이나 간단한 음식을 파는 길거리 노점.

2. 벽이나 물건에 칠하여 보호 기능을 하는 도료.

3. 얇고 신축성이 좋으며 다리에 걸치는 여성용 보조 의류.

6. 보온성이 좋고 잘 늘어나는 여성용 바지.

8. 결혼을 앞두고 있거나 갓 결혼한 남자.

78

초성 퀴즈

¹ ㅍ		² ㅍ		³ ㅅ	
				⁴ ㅌ	
		⁵ ㅌ	⁶ ㄹ		
⁷ ㅊ					⁸ ㅅ
		⁹ ㄹ			

★   년   월   일

가로열쇠

1. 손뼉을 치며 큰 소리로 웃음.

4. 겉으로 드러나지 않는 부분.

6. 눈 내리는 한겨울의 매서운 추위.

8. 땅속에 묻힌 것을 파내다.

세로열쇠

2. 여러 사람이나 가족의 긴 역사를 다루는 장편소설.

3. 힘든 일을 해본 적도 없고 세상 물정도 모르고 고운 얼굴에 공부만 한 사람.

5. 인간으로서 최소한의 품위를 지키면서 죽을 수 있는 행위.

7. 오랫동안 비가 내리지 않음. 심한 가뭄.

②

¹ ㅂ		² ㄷ			³ ㅂ
				⁴ ㅇ	
⁵ ㅈ					
⁶ ㅇ			⁷ ㅎ		
			⁸ ㅂ		

가로세로 열쇠

가로 열쇠

1. 앞으로 갈길이 아득히 멀다.

4. 셈 어족으로 히브리어를 사용하는 민족.

5. 남과 시비가 붙거나 헐뜯는 말을 듣게 되는 운수.

7. 남이 모르는 가운데.

9. 적대관계에 있던 두 나라가 화해하는 상태. 프랑스어.

세로 열쇠

1. 편지를 전달해 주는 비둘기.

2. 땅에서 뽑아낸, 정제되지 않은 그대로의 적갈색 혹은 흑갈색 기름.

3. 뜻한 바를 감추고 인내하며 신중하게 행동함.

6. 소의 머리, 뼈, 도가니를 푹 삶아서 만든 국.

8. 어른에게 나이를 물을 때 쓰는 말. '나이'의 높임말.

초성 퀴즈

<table>
<tr><td>¹ ㅈ</td><td></td><td></td><td>² ㅇ</td><td></td><td>³ ㅇ</td></tr>
<tr><td></td><td></td><td></td><td>⁴ ㅇ</td><td></td><td></td></tr>
<tr><td>⁵ ㄱ</td><td>⁶ ㅅ</td><td></td><td></td><td></td><td></td></tr>
<tr><td></td><td></td><td></td><td>⁷ ㅇ</td><td>⁸ ㅇ</td><td></td></tr>
<tr><td>⁹ ㄷ</td><td></td><td></td><td></td><td></td><td></td></tr>
</table>

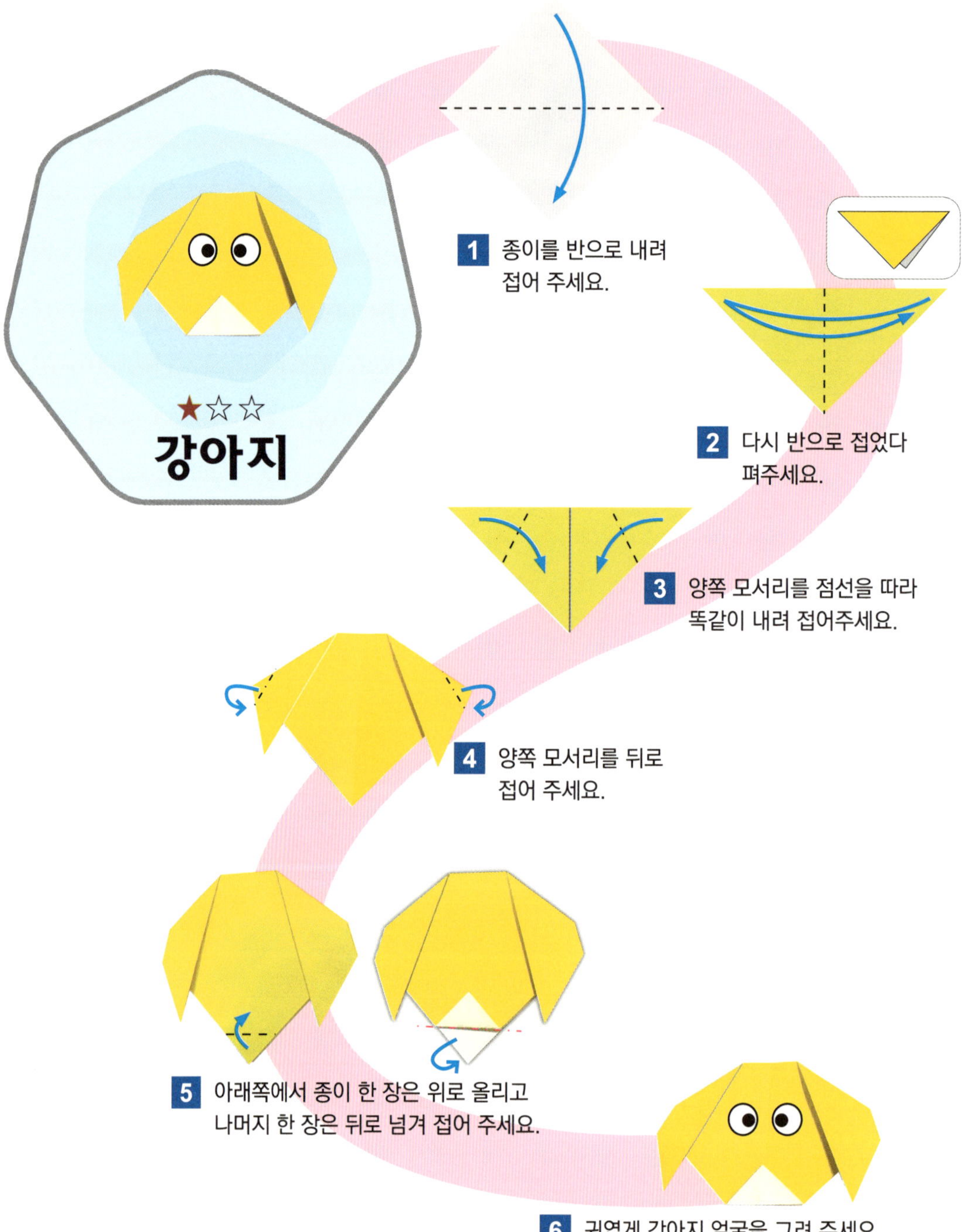

★☆☆
강아지

1 종이를 반으로 내려 접어 주세요.

2 다시 반으로 접었다 펴주세요.

3 양쪽 모서리를 점선을 따라 똑같이 내려 접어주세요.

4 양쪽 모서리를 뒤로 접어 주세요.

5 아래쪽에서 종이 한 장은 위로 올리고 나머지 한 장은 뒤로 넘겨 접어 주세요.

6 귀엽게 강아지 얼굴을 그려 주세요.

종이접기 2

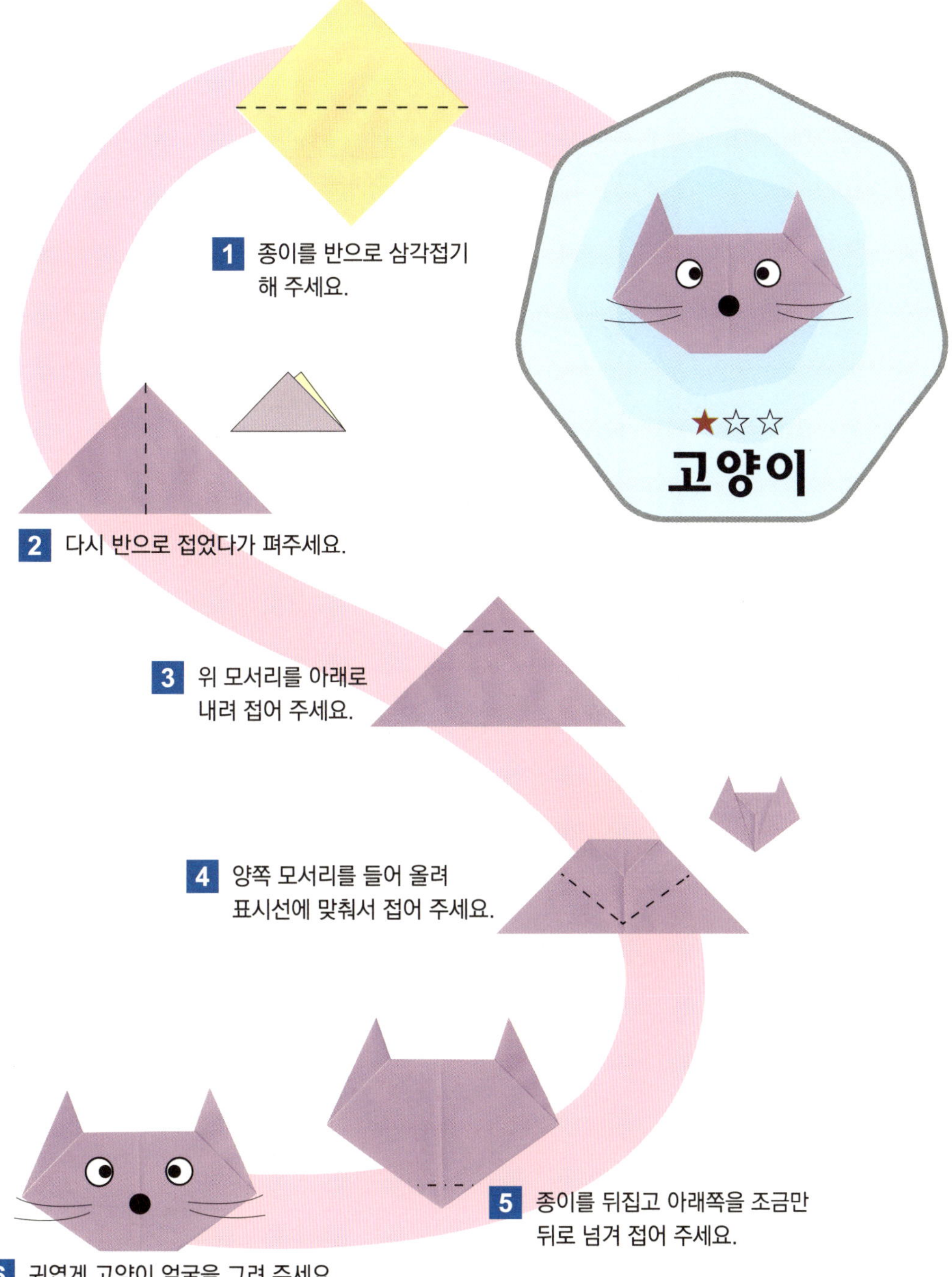

1 종이를 반으로 삼각접기 해 주세요.

2 다시 반으로 접었다가 펴주세요.

3 위 모서리를 아래로 내려 접어 주세요.

4 양쪽 모서리를 들어 올려 표시선에 맞춰서 접어 주세요.

5 종이를 뒤집고 아래쪽을 조금만 뒤로 넘겨 접어 주세요.

6 귀엽게 고양이 얼굴을 그려 주세요.

1월 송학(松鶴)

소나무에 학

태양은 신년 일출, 학(鶴)은 장수와 건강을 나타낸다.
일본에서는 설날 대문 앞에 소나무 가지를 장식한다.

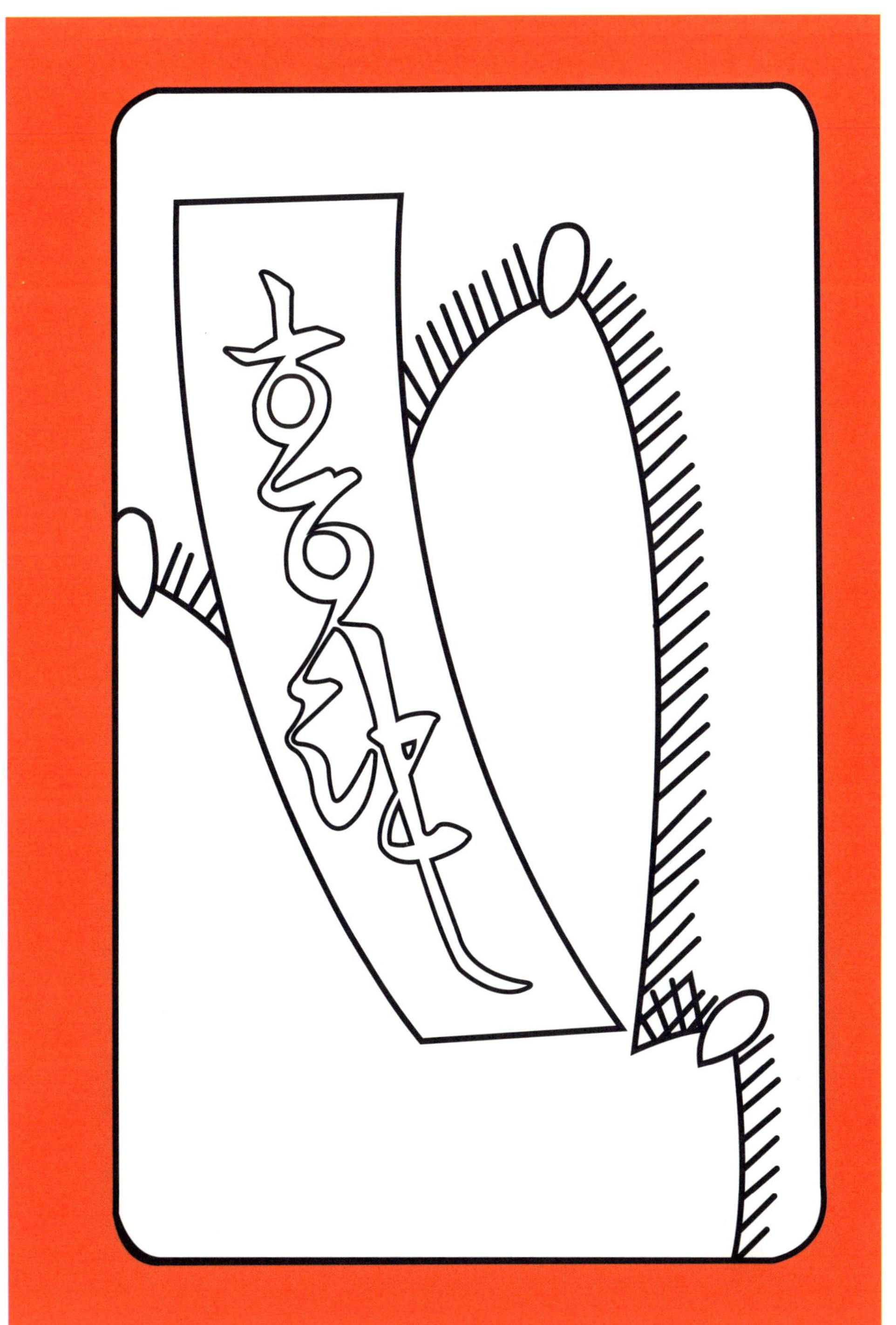

스도쿠 1~60

01

6	2	7	8	1	9	3	5	4
1	8	9	4	5	3	7	6	2
5	4	3	6	2	7	9	1	8
9	1	5	7	4	8	6	2	3
8	7	4	3	6	2	5	9	1
2	3	6	1	9	5	8	4	7
4	9	8	2	3	6	1	7	5
3	5	1	9	7	4	2	8	6
7	6	2	5	8	1	4	3	9

02

3	4	6	5	1	7	9	8	2
5	2	7	6	9	8	3	1	4
1	8	9	2	3	4	7	6	5
6	5	8	9	4	3	2	7	1
9	7	3	1	6	2	4	5	8
2	1	4	8	7	5	6	9	3
8	6	1	4	2	9	5	3	7
4	3	5	7	8	6	1	2	9
7	9	2	3	5	1	8	4	6

03

6	8	5	7	3	1	4	2	9
1	4	9	8	5	2	3	6	7
7	3	2	4	9	6	1	8	5
4	5	1	6	7	8	9	3	2
2	6	8	9	1	3	7	5	4
3	9	7	5	2	4	6	1	8
9	7	6	1	8	5	2	4	3
5	2	4	3	6	7	8	9	1
8	1	3	2	4	9	5	7	6

04

2	1	3	9	4	7	6	5	8
5	4	8	1	6	3	7	9	2
7	6	9	2	8	5	3	4	1
1	7	5	4	2	8	9	6	3
4	8	6	3	9	1	5	2	7
9	3	2	7	5	6	8	1	4
6	5	7	8	1	2	4	3	9
8	9	1	5	3	4	2	7	6
3	2	4	6	7	9	1	8	5

05

1	2	5	8	9	4	7	3	6
9	3	8	6	7	1	2	5	4
7	6	4	2	5	3	8	1	9
5	9	6	4	3	8	1	2	7
3	7	1	9	2	5	6	4	8
4	8	2	1	6	7	5	9	3
8	1	7	5	4	9	3	6	2
6	4	3	7	1	2	9	8	5
2	5	9	3	8	6	4	7	1

06

7	4	3	5	8	1	9	6	2
2	9	8	4	6	3	7	5	1
5	6	1	9	2	7	4	3	8
1	2	9	7	4	6	3	8	5
8	7	4	3	5	2	6	1	9
6	3	5	1	9	8	2	7	4
3	8	6	2	1	9	5	4	7
4	1	2	6	7	5	8	9	3
9	5	7	8	3	4	1	2	6

07

1	5	2	3	7	4	8	9	6
8	6	3	9	1	2	4	7	5
7	9	4	6	8	5	1	2	3
5	1	9	2	3	8	6	4	7
6	2	8	4	9	7	3	5	1
3	4	7	5	6	1	2	8	9
4	7	6	8	5	3	9	1	2
9	8	1	7	2	6	5	3	4
2	3	5	1	4	9	7	6	8

08

8	3	2	5	9	1	4	6	7
1	4	5	2	6	7	3	9	8
7	6	9	4	8	3	5	2	1
9	2	4	3	7	8	1	5	6
5	7	6	1	4	9	2	8	3
3	8	1	6	5	2	7	4	9
2	5	8	7	1	6	9	3	4
6	1	3	9	2	4	8	7	5
4	9	7	8	3	5	6	1	2

09

2	3	8	4	7	5	9	1	6
7	5	6	1	3	9	2	4	8
4	9	1	6	8	2	5	3	7
6	2	7	8	9	1	3	5	4
1	4	9	7	5	3	6	8	2
3	8	5	2	6	4	1	7	9
8	6	2	5	1	7	4	9	3
9	1	4	3	2	8	7	6	5
5	7	3	9	4	6	8	2	1

10

7	9	1	8	6	4	5	2	3
5	3	6	7	2	1	8	4	9
4	8	2	5	3	9	7	6	1
9	2	8	6	7	3	1	5	4
1	4	5	2	9	8	6	3	7
6	7	3	1	4	5	2	9	8
2	1	9	3	5	7	4	8	6
8	6	4	9	1	2	3	7	5
3	5	7	4	8	6	9	1	2

11

7	1	8	4	3	5	9	6	2
4	2	3	9	6	1	8	5	7
5	9	6	8	7	2	3	1	4
6	8	7	3	1	9	4	2	5
9	4	1	5	2	7	6	8	3
3	5	2	6	4	8	7	9	1
1	6	5	7	9	4	2	3	8
2	3	4	1	8	6	5	7	9
8	7	9	2	5	3	1	4	6

12

5	4	8	6	9	3	1	2	7
9	6	1	2	7	5	8	3	4
2	7	3	1	8	4	6	9	5
7	3	2	9	6	1	4	5	8
4	1	6	5	2	8	3	7	9
8	9	5	4	3	7	2	1	6
1	2	7	8	5	6	9	4	3
3	8	9	7	4	2	5	6	1
6	5	4	3	1	9	7	8	2

13

6	2	7	4	3	5	8	9	1
4	9	5	8	7	1	3	2	6
1	3	8	2	9	6	5	4	7
3	6	1	9	5	8	2	7	4
7	8	9	6	2	4	1	5	3
2	5	4	7	1	3	9	6	8
9	1	3	5	4	7	6	8	2
8	4	2	1	6	9	7	3	5
5	7	6	3	8	2	4	1	9

14

6	3	4	7	5	2	9	8	1
2	5	8	6	1	9	4	3	7
9	7	1	4	3	8	6	5	2
5	8	7	3	6	4	1	2	9
4	1	2	8	9	7	3	6	5
3	9	6	5	2	1	8	7	4
8	6	9	1	7	5	2	4	3
7	2	3	9	4	6	5	1	8
1	4	5	2	8	3	7	9	6

15

5	2	4	3	6	7	9	1	8
3	7	6	8	9	1	5	2	4
1	8	9	4	2	5	3	6	7
9	3	8	6	5	2	7	4	1
7	6	1	9	4	8	2	5	3
4	5	2	1	7	3	6	8	9
2	1	5	7	3	4	8	9	6
8	9	3	5	1	6	4	7	2
6	4	7	2	8	9	1	3	5

16

4	8	6	2	5	7	9	1	3
2	1	3	4	6	9	8	5	7
5	7	9	3	1	8	4	2	6
3	6	8	1	7	2	5	9	4
7	4	2	5	9	3	1	6	8
1	9	5	8	4	6	7	3	2
8	2	7	9	3	5	6	4	1
9	3	1	6	8	4	2	7	5
6	5	4	7	2	1	3	8	9

17

1	2	9	8	3	6	4	5	7
3	5	4	9	7	2	6	1	8
8	7	6	4	1	5	3	2	9
6	4	8	2	9	1	5	7	3
5	3	1	6	4	7	8	9	2
7	9	2	3	5	8	1	6	4
9	8	5	7	6	3	2	4	1
2	1	7	5	8	4	9	3	6
4	6	3	1	2	9	7	8	5

18

6	2	5	3	1	4	9	8	7
8	9	3	7	5	6	2	4	1
1	4	7	9	8	2	5	6	3
5	8	4	2	9	1	7	3	6
2	7	6	4	3	5	8	1	9
9	3	1	8	6	7	4	2	5
4	6	2	1	7	9	3	5	8
7	5	8	6	2	3	1	9	4
3	1	9	5	4	8	6	7	2

19

1	7	4	6	8	2	3	9	5
3	2	6	5	9	7	4	1	8
9	8	5	1	4	3	2	7	6
8	9	3	2	6	1	7	5	4
6	4	7	9	3	5	1	8	2
5	1	2	8	7	4	6	3	9
7	6	9	3	2	8	5	4	1
4	5	8	7	1	6	9	2	3
2	3	1	4	5	9	8	6	7

20

5	2	1	3	7	9	8	6	4
3	4	7	1	6	8	5	9	2
6	9	8	2	4	5	3	1	7
8	3	2	4	9	6	1	7	5
1	6	9	5	2	7	4	3	8
7	5	4	8	1	3	6	2	9
9	7	3	6	8	4	2	5	1
4	1	5	9	3	2	7	8	6
2	8	6	7	5	1	9	4	3

21

3	9	8	1	7	5	6	4	2
1	5	7	2	6	4	9	8	3
6	4	2	9	3	8	1	7	5
5	8	3	7	9	1	2	6	4
7	2	4	5	8	6	3	1	9
9	6	1	3	4	2	7	5	8
8	1	9	6	5	3	4	2	7
2	3	5	4	1	7	8	9	6
4	7	6	8	2	9	5	3	1

22

2	8	6	4	1	9	5	3	7
9	5	3	2	7	6	4	1	8
7	4	1	3	5	8	9	2	6
5	3	2	6	9	7	8	4	1
8	7	9	5	4	1	2	6	3
1	6	4	8	3	2	7	5	9
3	1	7	9	2	5	6	8	4
6	9	5	1	8	4	3	7	2
4	2	8	7	6	3	1	9	5

23

3	1	8	4	9	7	5	6	2
2	7	9	8	6	5	1	3	4
5	6	4	2	3	1	9	7	8
7	9	6	1	4	2	8	5	3
8	4	2	5	7	3	6	9	1
1	3	5	9	8	6	2	4	7
6	2	3	7	5	8	4	1	9
9	8	7	6	1	4	3	2	5
4	5	1	3	2	9	7	8	6

24

6	2	1	3	7	5	8	4	9
9	4	3	1	8	6	5	7	2
5	8	7	4	9	2	6	1	3
4	7	5	6	3	9	1	2	8
8	6	2	7	1	4	9	3	5
3	1	9	2	5	8	7	6	4
1	9	6	8	4	3	2	5	7
2	5	4	9	6	7	3	8	1
7	3	8	5	2	1	4	9	6

25

8	9	7	6	3	1	4	5	2
4	6	5	7	2	8	3	9	1
1	3	2	9	5	4	7	8	6
9	4	6	2	8	5	1	3	7
5	7	1	4	6	3	9	2	8
3	2	8	1	7	9	5	6	4
6	5	3	8	4	7	2	1	9
2	1	4	5	9	6	8	7	3
7	8	9	3	1	2	6	4	5

26

4	5	7	8	1	3	9	2	6
1	6	2	9	7	4	3	5	8
9	8	3	5	2	6	7	1	4
2	7	8	1	9	5	4	6	3
5	3	4	6	8	2	1	9	7
6	9	1	3	4	7	2	8	5
3	1	5	7	6	9	8	4	2
8	2	6	4	3	1	5	7	9
7	4	9	2	5	8	6	3	1

27

8	6	2	4	1	9	5	3	7
7	1	5	2	3	6	9	8	4
9	3	4	8	7	5	6	1	2
2	4	6	7	9	3	1	5	8
5	7	1	6	4	8	2	9	3
3	9	8	1	5	2	7	4	6
1	8	7	9	2	4	3	6	5
6	5	9	3	8	7	4	2	1
4	2	3	5	6	1	8	7	9

28

5	9	2	7	6	3	1	4	8
4	6	1	8	2	9	7	3	5
7	3	8	5	4	1	6	9	2
8	5	3	1	7	6	9	2	4
2	1	7	9	8	4	3	5	6
9	4	6	3	5	2	8	7	1
6	8	5	4	9	7	2	1	3
3	2	9	6	1	5	4	8	7
1	7	4	2	3	8	5	6	9

29

3	5	7	4	1	9	6	8	2
8	1	9	7	2	6	5	3	4
4	2	6	3	5	8	7	9	1
1	4	5	8	3	7	2	6	9
7	8	2	9	6	1	3	4	5
9	6	3	2	4	5	8	1	7
2	9	1	6	7	3	4	5	8
5	3	4	1	8	2	9	7	6
6	7	8	5	9	4	1	2	3

30

5	4	6	3	8	7	9	2	1
1	2	3	6	9	4	5	8	7
9	7	8	1	2	5	6	4	3
8	6	7	2	5	3	4	1	9
3	1	4	9	6	8	2	7	5
2	5	9	7	4	1	8	3	6
4	3	5	8	7	6	1	9	2
7	8	2	5	1	9	3	6	4
6	9	1	4	3	2	7	5	8

31

4	6	5	2	8	3	7	9	1
3	9	2	5	1	7	4	8	6
7	8	1	4	9	6	5	2	3
2	5	7	6	4	9	1	3	8
9	3	6	1	5	8	2	4	7
8	1	4	7	3	2	6	5	9
6	7	3	9	2	5	8	1	4
5	4	8	3	7	1	9	6	2
1	2	9	8	6	4	3	7	5

32

9	3	4	1	2	8	6	5	7
2	1	5	6	4	7	3	8	9
7	6	8	3	5	9	2	4	1
8	4	6	7	1	2	9	3	5
5	9	2	8	3	4	1	7	6
1	7	3	9	6	5	4	2	8
6	2	9	5	8	3	7	1	4
3	8	7	4	9	1	5	6	2
4	5	1	2	7	6	8	9	3

33

6	5	7	2	4	1	8	3	9
2	9	1	8	6	3	5	4	7
3	8	4	7	5	9	6	1	2
5	4	9	3	8	2	7	6	1
7	3	8	6	1	5	2	9	4
1	2	6	9	7	4	3	5	8
8	7	5	1	9	6	4	2	3
9	6	3	4	2	8	1	7	5
4	1	2	5	3	7	9	8	6

34

9	6	7	1	8	2	3	4	5
3	8	2	4	5	7	6	9	1
5	4	1	3	9	6	8	7	2
6	3	5	7	1	9	2	8	4
8	7	9	2	6	4	5	1	3
1	2	4	5	3	8	9	6	7
2	5	6	8	7	1	4	3	9
7	9	3	6	4	5	1	2	8
4	1	8	9	2	3	7	5	6

35

4	3	9	5	1	8	2	7	6
8	5	2	3	7	6	1	9	4
6	7	1	9	2	4	3	5	8
7	8	5	2	4	9	6	1	3
1	4	3	6	8	7	9	2	5
9	2	6	1	3	5	8	4	7
3	9	4	8	5	2	7	6	1
5	6	8	7	9	1	4	3	2
2	1	7	4	6	3	5	8	9

36

7	6	2	3	9	4	1	5	8
9	5	1	6	2	8	4	7	3
4	3	8	7	1	5	2	6	9
2	9	5	8	7	1	3	4	6
3	4	6	9	5	2	8	1	7
8	1	7	4	6	3	5	9	2
1	7	4	2	3	6	9	8	5
6	8	3	5	4	9	7	2	1
5	2	9	1	8	7	6	3	4

37

9	8	3	5	1	2	6	7	4
5	1	6	9	4	7	2	8	3
2	7	4	6	3	8	9	1	5
4	9	7	2	5	1	8	3	6
3	5	2	4	8	6	1	9	7
1	6	8	3	7	9	4	5	2
8	3	5	1	6	4	7	2	9
6	2	1	7	9	3	5	4	8
7	4	9	8	2	5	3	6	1

38

7	2	6	1	4	5	3	8	9
3	8	1	2	9	6	4	7	5
9	4	5	3	8	7	6	1	2
8	5	2	9	6	3	1	4	7
1	7	9	4	2	8	5	6	3
6	3	4	7	5	1	2	9	8
5	9	3	6	7	4	8	2	1
2	6	8	5	1	9	7	3	4
4	1	7	8	3	2	9	5	6

39

5	3	1	4	8	6	7	9	2
8	4	7	2	9	5	1	6	3
2	6	9	1	3	7	8	4	5
1	5	4	3	7	2	9	8	6
3	2	6	8	1	9	5	7	4
7	9	8	5	6	4	3	2	1
6	8	5	9	4	3	2	1	7
4	1	3	7	2	8	6	5	9
9	7	2	6	5	1	4	3	8

40

7	6	9	3	5	4	8	2	1
2	3	1	8	9	6	5	7	4
5	8	4	1	2	7	9	6	3
6	4	8	5	1	2	7	3	9
9	2	5	7	4	3	6	1	8
3	1	7	6	8	9	4	5	2
1	9	2	4	7	5	3	8	6
4	5	6	2	3	8	1	9	7
8	7	3	9	6	1	2	4	5

41

5	3	7	4	2	6	8	9	1
6	2	4	1	9	8	3	5	7
9	1	8	5	3	7	4	6	2
1	8	6	2	7	3	5	4	9
7	5	9	8	4	1	2	3	6
3	4	2	6	5	9	1	7	8
4	9	5	7	8	2	6	1	3
8	6	3	9	1	5	7	2	4
2	7	1	3	6	4	9	8	5

42

2	8	9	3	6	1	5	4	7
1	5	7	2	4	8	6	9	3
3	4	6	7	9	5	1	8	2
9	6	8	1	2	7	4	3	5
7	3	5	4	8	9	2	6	1
4	2	1	6	5	3	8	7	9
6	1	4	9	3	2	7	5	8
8	9	2	5	7	6	3	1	4
5	7	3	8	1	4	9	2	6

43

6	4	5	1	2	9	8	3	7
9	2	8	7	6	3	1	5	4
1	7	3	8	5	4	6	9	2
3	8	7	4	1	5	2	6	9
5	6	9	2	3	7	4	1	8
2	1	4	6	9	8	3	7	5
4	5	6	9	8	1	7	2	3
8	3	1	5	7	2	9	4	6
7	9	2	3	4	6	5	8	1

44

6	9	4	5	7	1	2	3	8
7	8	3	9	2	6	5	4	1
1	2	5	4	3	8	6	9	7
3	5	9	6	1	2	7	8	4
8	6	7	3	5	4	1	2	9
2	4	1	7	8	9	3	6	5
5	1	8	2	9	3	4	7	6
9	3	6	1	4	7	8	5	2
4	7	2	8	6	5	9	1	3

45

5	3	1	4	2	8	9	6	7
9	8	4	7	6	5	2	1	3
7	6	2	1	9	3	4	8	5
1	2	6	9	3	4	7	5	8
3	9	5	8	7	2	1	4	6
4	7	8	5	1	6	3	2	9
6	4	9	3	8	1	5	7	2
8	1	3	2	5	7	6	9	4
2	5	7	6	4	9	8	3	1

46

7	6	1	2	3	4	5	8	9
8	5	4	6	7	9	1	3	2
2	9	3	5	1	8	6	7	4
9	4	8	3	2	6	7	5	1
5	3	7	9	8	1	4	2	6
1	2	6	7	4	5	8	9	3
6	7	9	1	5	2	3	4	8
3	8	2	4	6	7	9	1	5
4	1	5	8	9	3	2	6	7

47

8	4	7	1	6	3	9	5	2
3	9	6	2	4	5	8	1	7
5	1	2	7	9	8	4	6	3
9	2	1	5	8	7	3	4	6
7	5	8	6	3	4	1	2	9
4	6	3	9	1	2	7	8	5
1	7	9	4	5	6	2	3	8
6	8	4	3	2	9	5	7	1
2	3	5	8	7	1	6	9	4

48

8	9	4	7	6	1	2	5	3
1	7	6	2	5	3	9	8	4
2	3	5	9	8	4	7	1	6
3	6	9	5	4	8	1	7	2
7	8	2	1	9	6	3	4	5
5	4	1	3	7	2	6	9	8
9	1	8	6	2	5	4	3	7
6	5	7	4	3	9	8	2	1
4	2	3	8	1	7	5	6	9

49

1	7	2	5	8	4	3	9	6
8	9	4	3	1	6	2	5	7
3	6	5	7	2	9	4	8	1
7	3	6	2	4	5	8	1	9
9	5	1	8	3	7	6	2	4
2	4	8	9	6	1	5	7	3
5	1	3	6	7	2	9	4	8
6	2	7	4	9	8	1	3	5
4	8	9	1	5	3	7	6	2

50

2	4	7	5	3	6	8	9	1
1	3	5	9	8	2	6	7	4
6	8	9	7	4	1	5	3	2
3	5	6	4	9	7	2	1	8
8	7	1	2	5	3	9	4	6
9	2	4	1	6	8	3	5	7
5	6	8	3	1	4	7	2	9
7	1	3	6	2	9	4	8	5
4	9	2	8	7	5	1	6	3

51

2	9	8	3	5	1	4	6	7
6	4	3	7	2	9	5	8	1
5	7	1	4	6	8	3	9	2
7	5	4	8	1	6	9	2	3
9	3	6	2	4	5	7	1	8
8	1	2	9	7	3	6	5	4
1	8	7	5	9	4	2	3	6
4	6	5	1	3	2	8	7	9
3	2	9	6	8	7	1	4	5

52

7	3	1	6	2	5	4	9	8
6	8	9	3	4	1	7	5	2
2	4	5	9	8	7	6	1	3
9	5	7	8	1	6	2	3	4
8	1	3	2	7	4	5	6	9
4	2	6	5	3	9	8	7	1
3	7	2	1	5	8	9	4	6
1	9	4	7	6	2	3	8	5
5	6	8	4	9	3	1	2	7

53

4	5	6	9	1	3	2	7	8
7	2	8	5	4	6	1	9	3
1	9	3	7	8	2	5	4	6
3	1	9	8	5	4	7	6	2
2	7	5	6	9	1	3	8	4
6	8	4	2	3	7	9	5	1
5	3	2	4	7	8	6	1	9
8	6	7	1	2	9	4	3	5
9	4	1	3	6	5	8	2	7

54

4	5	1	7	6	8	3	9	2
3	7	9	5	1	2	8	6	4
8	6	2	4	3	9	7	5	1
2	1	7	6	8	4	5	3	9
6	9	8	1	5	3	4	2	7
5	4	3	2	9	7	1	8	6
9	3	6	8	7	1	2	4	5
1	2	5	3	4	6	9	7	8
7	8	4	9	2	5	6	1	3

55

5	8	4	3	7	1	6	2	9
3	6	2	4	9	5	8	7	1
9	1	7	8	6	2	3	4	5
6	5	3	2	1	7	4	9	8
1	4	9	5	8	6	7	3	2
2	7	8	9	4	3	1	5	6
8	2	5	6	3	4	9	1	7
7	3	6	1	5	9	2	8	4
4	9	1	7	2	8	5	6	3

56

1	2	4	9	8	3	6	7	5
5	7	6	1	4	2	9	8	3
9	8	3	5	7	6	4	1	2
7	6	2	3	9	8	1	5	4
3	5	9	6	1	4	8	2	7
4	1	8	2	5	7	3	9	6
8	9	7	4	6	5	2	3	1
6	3	1	7	2	9	5	4	8
2	4	5	8	3	1	7	6	9

57

2	1	6	5	3	8	4	7	9
5	7	8	4	6	9	3	1	2
9	3	4	2	1	7	8	6	5
1	5	7	3	9	2	6	8	4
8	9	2	6	7	4	5	3	1
6	4	3	1	8	5	9	2	7
7	8	1	9	5	6	2	4	3
4	6	5	7	2	3	1	9	8
3	2	9	8	4	1	7	5	6

58

7	2	5	4	3	1	9	8	6
1	6	8	5	2	9	3	7	4
3	9	4	6	8	7	2	1	5
2	5	6	7	9	4	1	3	8
4	9	3	8	1	2	6	5	7
8	1	7	3	5	6	4	2	9
5	7	1	9	6	3	8	4	2
3	4	9	2	7	8	5	6	1
6	8	2	1	4	5	7	9	3

59

7	2	6	9	4	3	8	1	5
1	8	4	7	5	6	3	2	9
9	3	5	2	1	8	4	6	7
8	7	3	6	9	4	2	5	1
6	1	9	5	8	2	7	4	3
5	4	2	3	7	1	9	8	6
4	5	8	1	3	9	6	7	2
3	6	7	8	2	5	1	9	4
2	9	1	4	6	7	5	3	8

60

3	4	8	6	2	9	1	7	5
9	6	5	8	7	1	4	3	2
7	2	1	4	3	5	8	9	6
6	1	2	3	5	7	9	4	8
5	8	7	2	9	4	3	6	1
4	3	9	1	6	8	5	2	7
1	7	6	5	4	3	2	8	9
2	5	3	9	8	6	7	1	4
8	9	4	7	1	2	6	5	3

미로 찾기

P. 32

P. 54

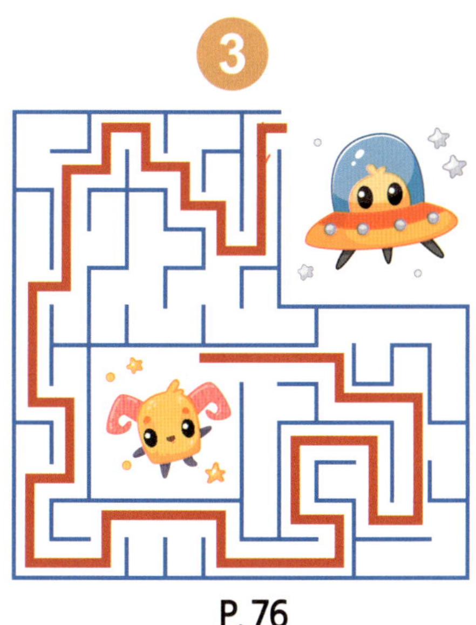

P. 76

숨은 그림 찾기

P. 33

P. 55

P. 77

1

포	커	페	이	스
장		인		타	조
마		트	레	킹
차	별		깅		신
		레	스	토	랑

P. 79

2

박	장	대	소		백
		하		이	면
존		소			서
엄	동	설	한		생
사			발	굴	

P. 81

3

전	도	요	원		은
서			유	대	인
구	설	수			자
	령		은	연	중
데	탕	트		세	

P. 83

초판 1쇄 인쇄 | 2025년 10월 1일
초판 1쇄 발행 | 2025년 10월 10일

지은이 | 건강 100세 연구원
디자인 | 윤영화
제 작 | 선경프린테크
펴낸곳 | Vitamin Book 헬스케어
펴낸이 | 박영진

등 록 | 제318-2004-00072호
주 소 | 07250 서울특별시 영등포구 영등포로 37길 18 리첸스타2차 206호
전 화 | 02) 2677-1064
팩 스 | 02) 2677-1026
이메일 | vitaminbooks@naver.com

ISBN 979-11-94124-14-6 (13690)

어르신
레크레이션 북
시리즈

쉬운 색칠 그림

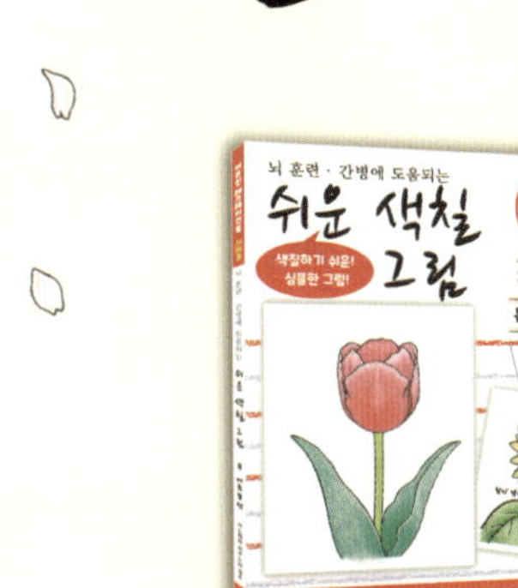

1 봄·여름 꽃 편
마음에 드는 그림을 골라 색칠을 해 보세요.

2 가을·겨울 꽃 편
색칠을 하면 그대로 그림엽서가 되고 짧은 글도 적을 수 있어요.

3 야채 편
야채의 특징과 효능, 읽을거리 등 해설과 사진을 첨부하여 더욱 즐겁게 색칠할 수 있어요.

4 봄에서 여름을 수놓는 꽃 편
봄·여름 개화 순서로 나열되어 있어서 처음부터 색칠해도 좋아요.

5 과일 편
견본을 보고 똑같이 색칠하는 작업은 뇌가 활성화된다고 해요. 견본을 보면서 색칠해 보세요~

어르신 레크레이션 북 시리즈 6
뇌 훈련·노화방지에 도움 되는
쉬운 색칠 그림
光 화투 편
건강 100세 연구원 지음
화투 색칠하기로 집중력·기억력 강화
화투 색칠하기로 행복한 일상 보내기
화투 스티커 수록
색칠하기 쉬운! 심플한 그림!
Vitamin Book

어르신 레크레이션 북 시리즈 7
뇌 훈련·노화방지에 도움 되는
쉬운 종이접기
접기 쉬운! 순서별로 자세히!
건강 100세 연구원 지음
쉬운 접기부터 차근차근!
손재주가 없어도 OK!
설명과 사진으로 더 쉽게!
Vitamin Book

어르신 레크레이션 북 시리즈 8
뇌 훈련·노화방지에 도움되는
어른을 위한 스도쿠
초급 편
건강 100세 연구원 지음
두뇌 발달에 좋은 스도쿠 숫자 퍼즐
숫자 게임으로 집중력 향상
다양한 두뇌 게임 함께 수록
Vitamin Book

어르신 레크레이션 북 시리즈 9
뇌 훈련·노화방지에 도움되는
어른을 위한 스도쿠
중급 편
건강 100세 연구원 지음
두뇌 발달에 좋은 스도쿠 숫자 퍼즐
숫자 게임으로 집중력 향상
다양한 두뇌 게임 함께 수록
Vitamin Book

김진남 엮음
어휘력·뇌 훈련·노화방지에 도움 되는
어르신 레크레이션북 시리즈 16
어른을 위한
명심보감
필사 노트
明心寶鑑
직접 읽고 쓰고 기억하고
집중력 사고력
마음 수양 뇌 기능 향상
Vitamin 헬스케어 Book

김진남 엮음
어휘력·뇌 훈련·노화방지에 도움 되는
어르신 레크레이션북 시리즈 17
어른을 위한
채근담
필사 노트
菜根譚
직접 읽고 쓰고 기억하고
집중력 사고력
마음 수양 뇌 기능 향상
Vitamin 헬스케어 Book

김진남 엮음
어휘력·뇌 훈련·노화방지에 도움 되는
어르신 레크레이션북 시리즈 18
어른을 위한
속담
필사
노트 俗談
직접 읽고 쓰고 기억하고
집중력 사고력
마음 수양 뇌 기능 향상
Vitamin 헬스케어 Book

10년 더 젊게 사는
큰 글씨
가로세로
낱말 퍼즐 1
건강 100세 연구원 지음
치 매 예 방   뇌 훈 련
          법   세
어 휘 력   포   자
        집   살
한 밤 중   리
      력   기 억 력
건
Vitamin
헬스케어 Book

년 월 일
가로
열쇠
1. 조선시대에 경찰서 역할을 하던 관청.
4. 자신의 얼굴을 스스로 그린 그림.
6. 학교의 여러 가지 규칙을 지키도록 지도, 감독하는 학생 조직.
   ○○부.
8. 승부에서 질 것 같은 조짐. ○○이 짙다.
9. 실제 일어날 일이 미리 꿈에 나타남. 그런 꿈.
세로
열쇠
1. 지구에서 가장 큰 포유류인 고래를 잡는 배.
2. 1970년대 인기 있었던 담배 이름. '담배는 ○○, 노래는 추자'라
   는 말이 유행했음. 여기서 '추자'는 인기 가수 김추자.
3. 얼굴이나 외모를 보고 그 사람의 성격이나 운명을 파악하는 학문.
5. 한국인 서너 명이 실내에서 가장 즐겨하는 동양화 놀이의 낱장.
7. 미술 시간에 그림 그리는 데 쓰는 넓은 종이.
01
인간의 삶 전체는 단지 한순간에 불과하다. 인생을 즐기자.
- 플루타르코스
10
11

큰 글씨
10년 더 젊게 사는
스도쿠
초급×중급
건강 100세 연구원 지음
집중력·뇌 훈련·노화방지에
도움 되는 게임
숫자 퍼즐로
뇌 기능 향상
집중력
사고력
두뇌 건강
매일 프로젝트
Vitamin
헬스케어 Book

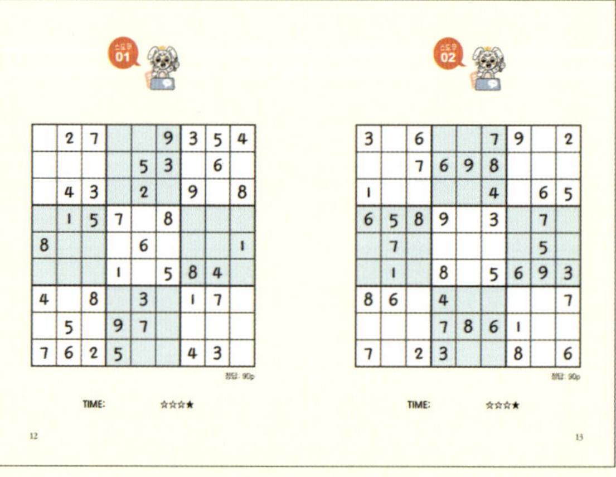
스도쿠
01
스도쿠
02
TIME: ☆☆★
TIME: ☆☆★
정답 90p
정답 90p
12
13